Das A B C
für Vorschulkinder

Ein kreatives Spiel-, Mal- und
Lernbuch mit Photos, Bildern,
Wörtern und Aufgaben

Autorin: Christine E. Gottschalk-Batschkus
Zeichnungen: Christiane Krieger und die Kinder
des Krea-Mal-, Spiel- und Lernateliers, München
Photos: Christine E. Gottschalk-Batschkus

1.2.3.4. Auflage/Jahr 96 95 94
©1994 Zebold Verlag GmbH, München
Druck: Graphischer Großbetrieb Pößneck
Printed in Germany

JSBN 3-86188-401-1

Viel Spaß wünschen dir Simon, Marvin,
Constantin, Garance und die Kinder des Krea-
Mal-, Spiel- und Lernateliers in München!

Einführung zu den Aufgaben:

1. Sieh´ dir das Kindergesicht an, das den Buchstaben spricht.
Sieht es bei dir auch so aus? Probiere es vor dem Spiegel.

2. Die Buchstaben neben dem Photo sind zum Nachfahren und
Ausmalen gedacht.

3. Auf den Linien kannst du das Schreiben der Buchstaben und
Wörter selbst probieren.

4. Jn der Mitte des Blattes hast du Platz für eigene Bilder, Buchstaben und Wörter.

5. Unten auf der Bildseite findest du Zeichnungen, die mit dem neu gelernten Buchstaben beginnen. Kennst du noch mehr? Malst du sie anders?

6. Die Aufgabenseite ist für dich zum Ausmalen, Raten, Üben, Zuordnen, Suchen und Tüfteln ...

A:
Die Zwerge und Feen haben alle Dächer des Schlosses weggezaubert.
Male sie wieder hin.

A a

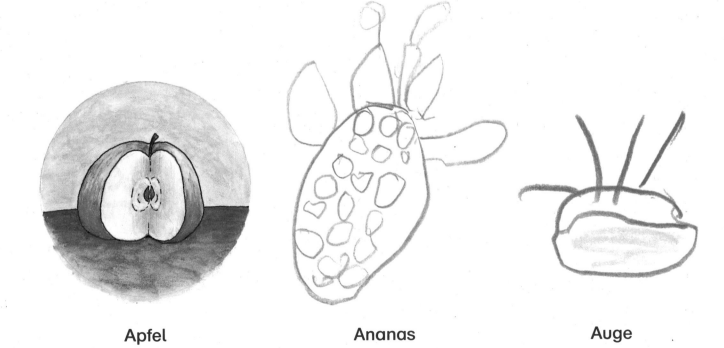

Apfel **Ananas** **Auge**

B: Bälle
Fülle Bälle in verschiedener Größe in den Trichter.

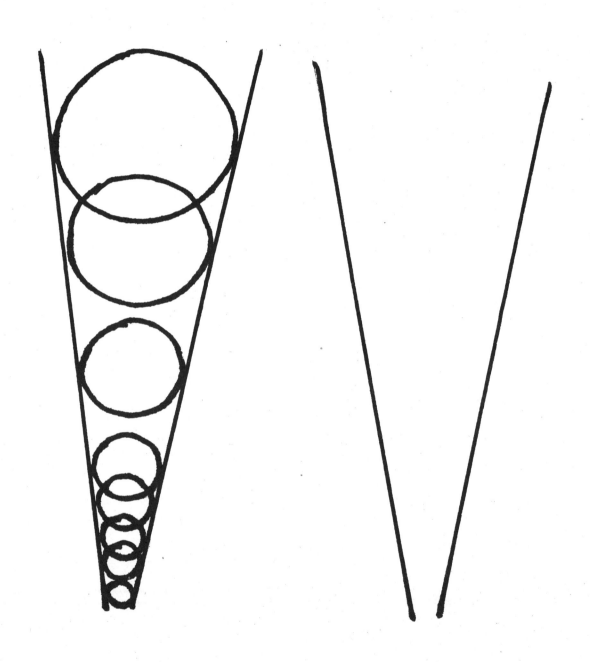

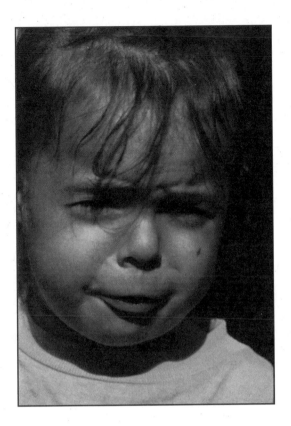

B b

Banane

Blume

Baby

C: Computer
Suche das "C" von der Tastatur des Computers und schreibe es auf den Bildschirm.

C c

Cowboy

Clown

Champignon

D: Dinosaurier und Blumen
Male den Blumen die fehlenden Blütenblätter und dem Dinosaurier den Rückenpanzer.

D d

Drache

Dame

Dinosaurier

E: Eier
Welche Tiere legen Eier, welche nicht? Male sie an.

E e

Esel

Ente

Elefant

F: Familien
Welche Tiere gehören zu einer Familie?
Suche sie zusammen (Affen, Vögel, Fische).

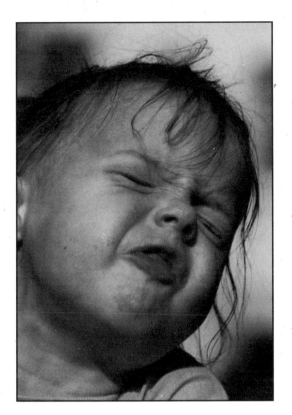

Freunde

Fisch

Fahrrad

G: Gesichter

Finde das richtige Gesicht zu jedem Kopf und male es hinein.
Kannst du auch den richtigen Kopf zu jedem Gesicht malen?

G g

Gewitter

Geist

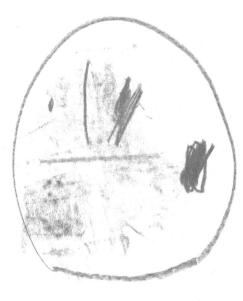

Gesicht

H: Haus
Male jedem Tier sein Haus (Vogelnest, Mäuseloch, Pferdestall).

H h

Hängematte

Hase

Huhn

J:
Ziehe gerade Striche zwischen den Linien, ohne sie zu berühren.

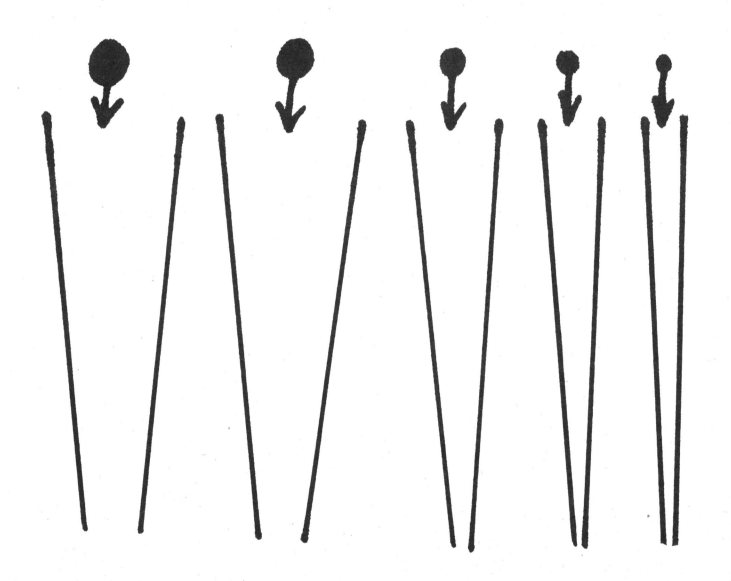

J i

Jglu

Jgel

Jnsel

J: Jahreszeiten
Suche immer zwei Kleidungsstücke zusammen, die zu einer Jahreszeit passen (Sommer, Herbst, Winter).

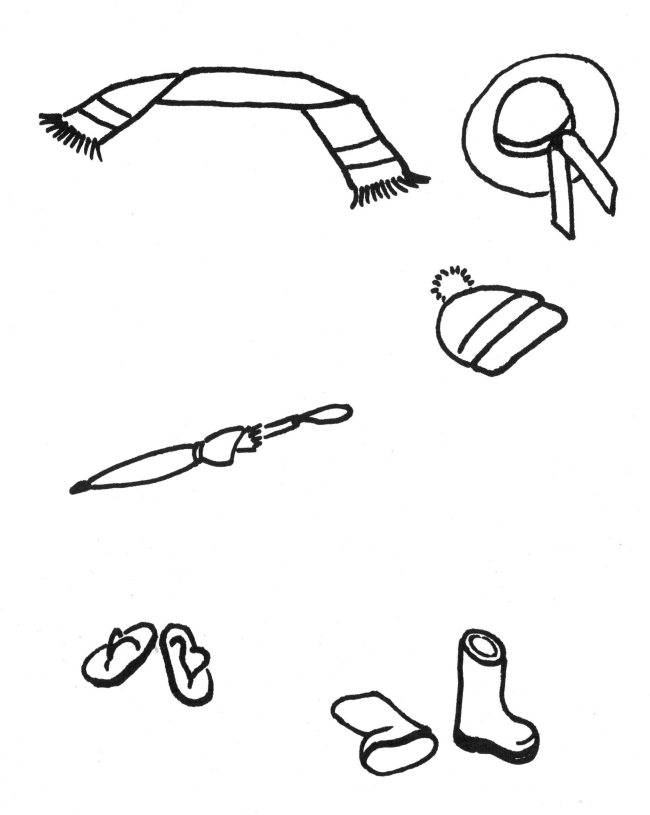

Jäger

Jacht

Jacke

K:

Welche Tiere beginnen mit "K". Male sie an
(Kakadu, Krokodil, Känguruh, Koalabär).

K k

Kerze

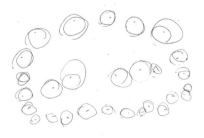

Kreise

Krokodil

L: Leicht und Schwer
Welche Dinge sind leicht, welche schwer?
Kennzeichne sie mit zwei verschiedenen Farben.

Leiter

Lampe

Löffel

M: Mengen
Welche zwei Gegenstände gehören jeweils zu einer Menge?
(Gemüse, Jnsekten, Zahlen, Uhren)

M m

Maus

Melone

Messer

N:

Der Kasperl hat 12 "N" versteckt. Finde sie und male ihn an.

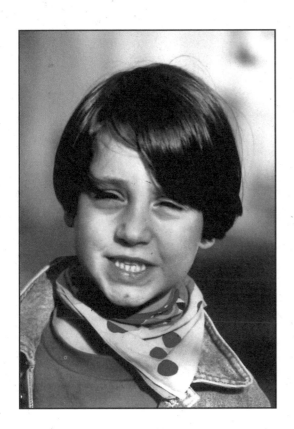

N n

Nilpferd

Nikolaus

Nuß

O:
Der Junge bläst Seifenblasen. Male sie fertig und noch viele dazu.

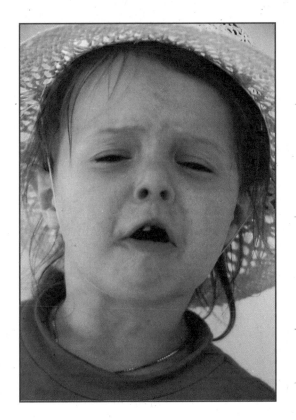

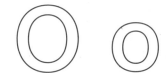

Orange

Oma

Otter

P: Puzzle

Welche Teile fehlen in dem Puzzle? Finde sie und male sie wieder hin.

P p

Papagei

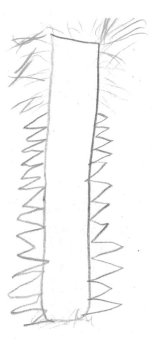

Palme

Pferd

Q: Quallen
Jm Wasser haben sich Tiere versteckt. Finde sie und male sie aus.

Qualm

Qualle

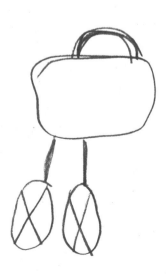

Quirl

R: Rätsel

Jn jedem Häufchen fehlt ein Teil. Finde es und ergänze die Menge.

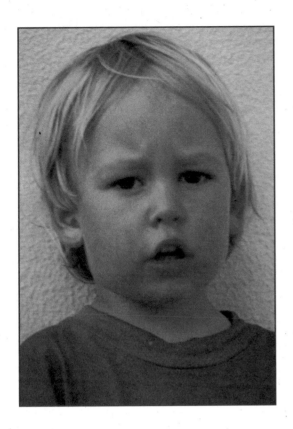

R r

Rutschbahn

Rad

Rakete

S: Streifen
Welche Tiere haben Streifen? Male sie ihnen (Antilope, Zebra, Tiger).

S s

Sandstrand

Sonne

Sterne

Sch: Schnecken
An jeder Schnecke ist etwas anders. Finde die Unterschiede und kennzeichne sie.

Sch sch

Schneebesen

Schlange

Schirm

T:

Jn den Bausteinen sind viele "T"s versteckt. Suche sie und male sie an.

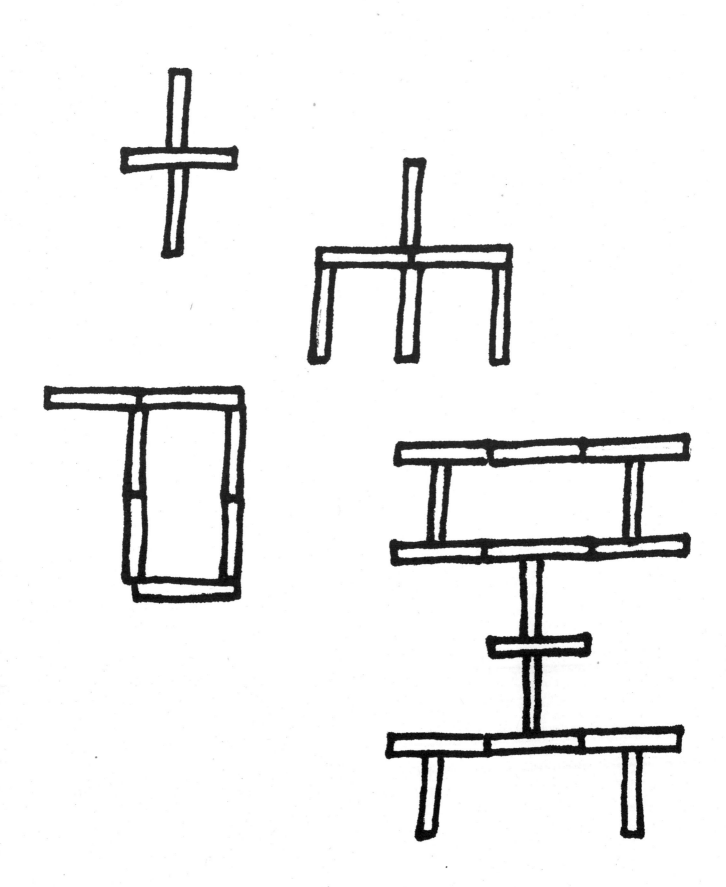

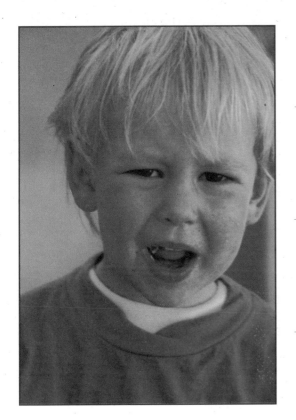

T t

Tiger

Teller

Tintenfisch

U:

Decke das Dach des Hauses fertig.

U u

Uhu

Uhr

Umschlag

V: Vögel

Kennst du die Namen dieser Vögel? Male sie an (Fink, Schwalbe, Ente, Storch).

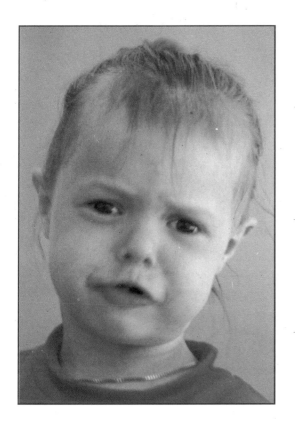

V v

Vogel

Violine

Vogel

W: Wachsen
Jn welcher Reihenfolge wächst diese Pflanze?

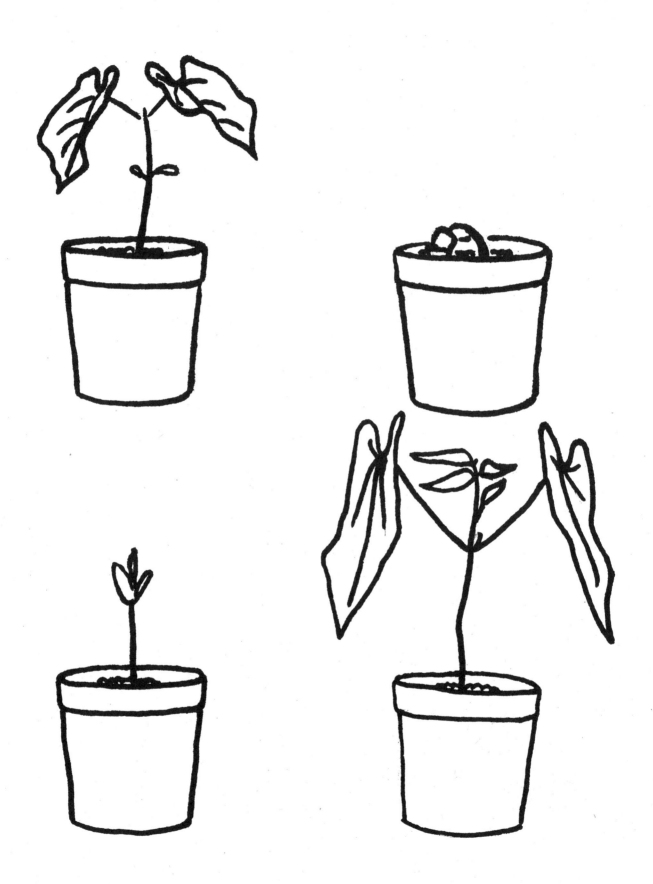

W w

Winter

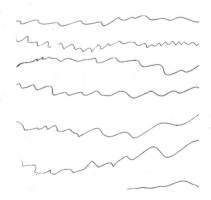

Wellen

Wurm

X:
Der Schreiner hat die Streben des Treppengeländers vergessen. Male sie hin.

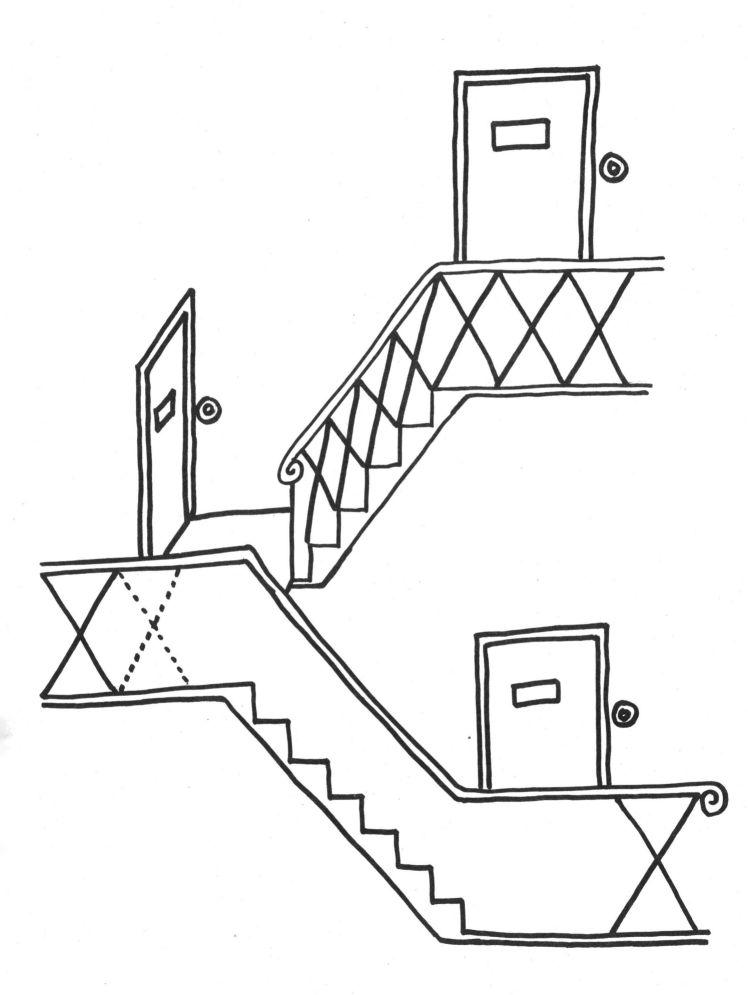

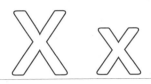

Xylophon

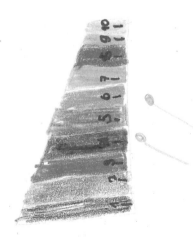

Xylophon

Y:
Wo sind auf dieser Seite noch "Y"? Welche sind verkehrt herum?

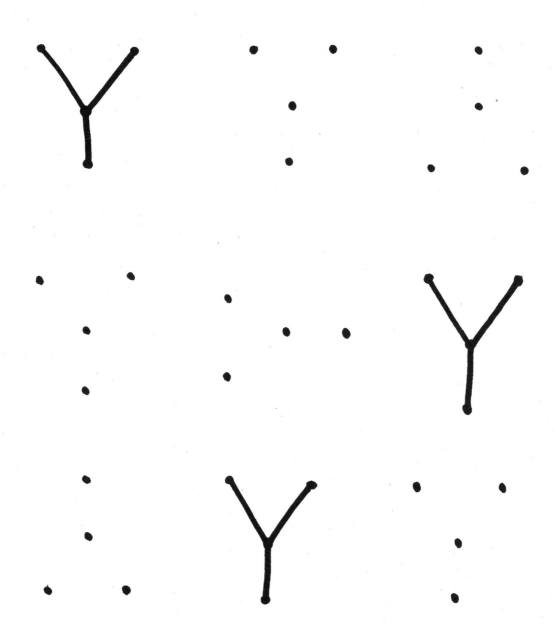

Ypsilon

Yin-Yang

Z:

Vervollständige das Muster der Schlange

Z z

Zitrone

Zauberer

Zahnbürste

Warum Schulbücher für Papua Neuguinea?

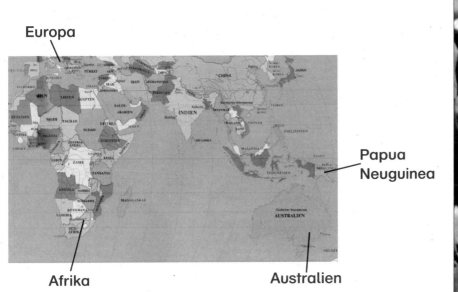

Europa

Afrika

Papua Neuguinea

Australien

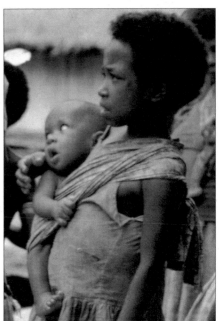

Jn den Wäldern von Papua Neuguinea leben die Menschen weitgehend vom Gartenbau und ohne Geld. Sie kennen Zivilisationsgüter wie Fernsehen, Autos, Coca-Cola usw., doch das Leben und die Arbeit findet teilweise noch auf der Entwicklungsstufe der Neusteinzeit statt (z.B. Benutzung von Steinäxten). "Zivilisation" erfahren sie, außer durch die Schulungsmaßnahmen von Missionen und der Regierung, durch das Fernsehen und dort besonders durch die Werbung.

Die Eltern wissen, daß es für ihre Kinder wichtig ist, Lesen, Schreiben und Rechnen zu lernen, damit sie der kommenden Zivilisation entgegentreten und Arbeit finden können. Die Kinder nehmen Schulwege zu Fuß oder per Kanu von vier und mehr Stunden täglich auf sich. Außerhalb der Städte ist das Material für den Unterricht äußerst knapp.

So entwarf die Autorin zusammen mit einheimischen Dorfschullehrern ein ABC-Buch in englischer Sprache, das für die dortigen Ansprüche pädagogisch wertvoll ist und jedem Kind ein Arbeitsbuch für die Grundschuljahre zur Verfügung stellt.
Jnformationen zur Finanzierung können Sie beim Zebold Verlag anfordern, ebenso wie die Original Papua Neuguinea Exemplare.

Margit Thomas
Das alternative
Bastelbuch für Kinder
ISBN 3-86188-100-4 • 96 Seiten

Dieses Bastelbuch ist deshalb alternativ, weil es erstens auf Original Umweltschutzpapier gedruckt wurde und zweitens viele Wegwerfartikel aus dem Haushalt als Basismaterial für lustige Bastelideen verwendet werden.

Angela Zeidler-Frész
Das alternative Bastelbuch
für Kinder – Band 2
ISBN 3-86188-104-7 • 96 Seiten

Dieser Nachfolger des ersten Bandes ist deshalb alternativ, weil er erstens auf Original Umweltschutzpapier gedruckt wurde und zweitens viele Wegwerfartikel aus dem Haushalt als Basismaterial verwendet werden.
Ein Buch in der Reihe aktiv & kreativ.

Angela Zeidler-Frész
Das alternative Bastelbuch
für Kinder – Band 3
ISBN 3-86188-109-8

Der Erfolg der ersten beiden Bastelbücher geht diesem dritten Band – vollgepackt mit neuen Bastelideen – voraus. Alternativ ist dieses Bastelbuch, weil es erstens auf Original Umweltschutzpapier gedruckt wurde und zweitens wieder viele Wegwerfartikel aus dem Haushalt als Basismaterial verwendet werden.

Marlies Becher
Schneckenpost
und Teddy Brumm
ISBN 3-86188-166-7 • 96 Seiten

In jedem Haus gibt es Stoffreste. Dieses Buch zeigt Kindern und Erwachsenen, wie aus Alt Neu wird, wie aus Stoffresten nette Bastelideen entstehen. Ob für den Eigengebrauch oder als Geschenk, für jede Gelegenheit findet sich eine gute Idee.

Maria Czerwonka
Selbstgemacht
und Mitgebracht
ISBN 3-86188-162-4

Fünf bis Zwölfjährige sind die Ansprechpartner der Autorin,
die eine Fülle herrlicher Bastelideen zusammengetragen hat.
Dabei werden als Material Haushaltsreste
und Naturmaterialien verwendet.

Irmtraud Polomsky
Selbstgemacht
und Mitgebracht – Band 2
ISBN 3-86188-164-0

Die Fortsetzung des erfolgreichen ersten Bandes! Hier findet man wieder eine
Fülle neuer Geschenkideen, die zum großen Teil aus Haushaltsresten verwirklicht
werden. Aus dem Inhaltsverzeichnis: • Kalendermix • Brieflein, Brieflein, eile, eile
• Diese Verpackungen sind ein Geschenk für sich • Das kannst Du Geschwistern
schenken • Nette Geschenke für Großeltern und andere liebe Leute • Heimlich-
keiten erlaubt.

Brigitte Bodenstab
Nili Nilpferds
Papierbastelkiste

ISBN 3-86188-302-3

Jede Menge Bastelbögen zum Ausschneiden und Gestalten findet man in
diesem Buch. Die einzelnen Seiten
werden zu Puppen, Mobiles, Kasperl
und Masken. Jede Seite wird vom Le-
ser/Bastler noch fertig gestaltet und
gebastelt. Ausführliche und einfache
Anleitungen garantieren Spaß und Er-
folgserlebnis für jedes Kind. Dazu gibt
es noch eine vollständige Anleitung,
wie man Papier selbst herstellen (schöp-
fen) kann.

Brigitte Bodenstab
Nili Nilpferds
Feste-Feier-Kiste

ISBN 3-86188-303-1

Nilpferd hilft Euch, Kinderfeste mit Spaß
und tollen Ideen vorzubereiten und durch-
zuführen. Für sechs Kinder findet Ihr
alles, was man für ein lustiges Kinder-
fest braucht. Eine Riesenmenge Tips für
ein gelungenes Fest. Alle Vorlagen werden farbig gezeigt und beschrieben. Sie
können nach dem Ausschneiden noch
fertig bemalt und zusammengebastelt
werden.

Nili Nilpferds
Spielekiste

ISBN 3-86188-301-5

Nili Nilpferd bringt Spaß ins Haus.
Hier sind 14 lustige Brettspiele,
die man ausschneiden und
gleich spielen kann. Sogar die
Spielfiguren und Würfel werden
als Bastelbogen mitgeliefert.
Ein toller Spaß für die
ganze Familie.